Pastinaken

zurück zu den Wurzeln

Ein Kochbuch von Judith Schake
Mit Fotografien von Winfried Eberhardt

Dottenfelderhof

Die Pastinake trägt noch etwas von ihrer natürlichen Wildheit aus längst vergangener Zeit in unsere Gegenwart hinein.

Heinrich Thies

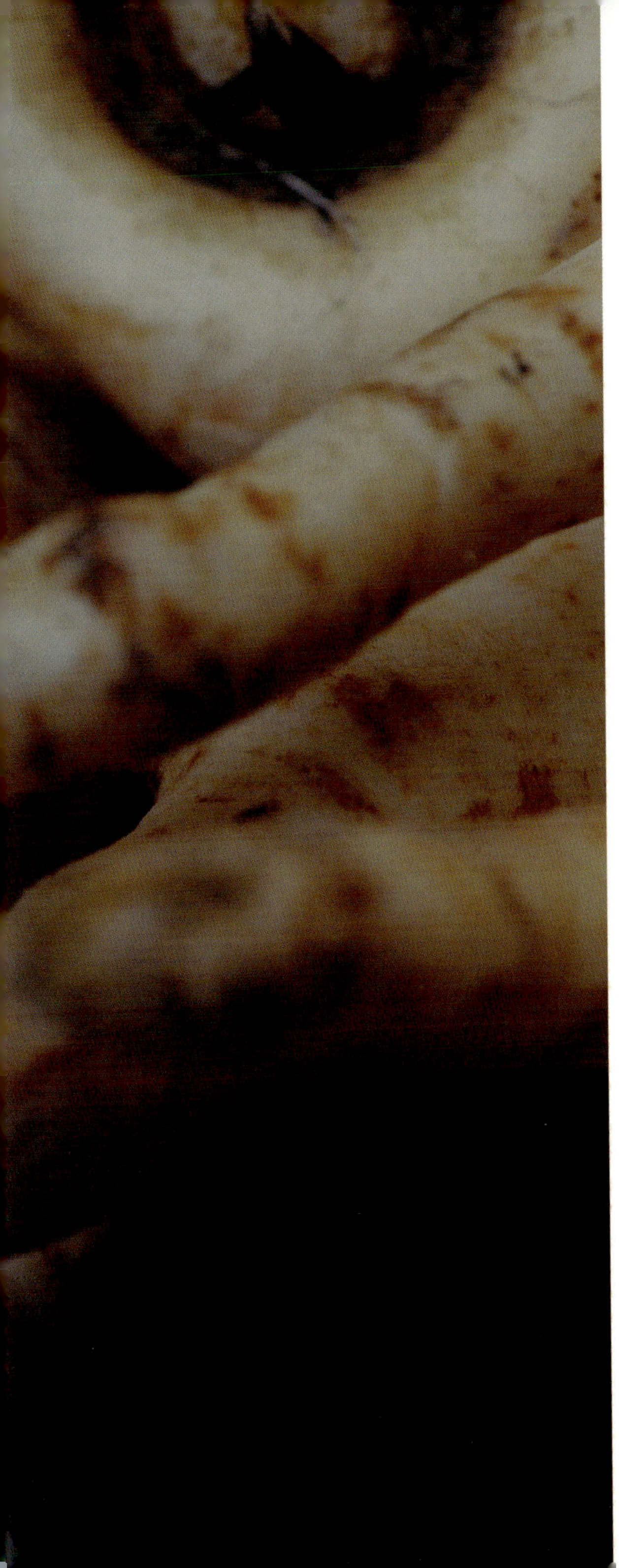

Inhalt

Geschichte

Die Wildform der Pastinake gehört wohl zu den ältesten Sammelpflanzen der eurasischen Urbevölkerung. Man findet sie heute noch in Mittel- und Südeuropa sowie in Teilen Asiens.

Die ältesten Fruchtfunde stammen aus der Siedlungsgeschichte der Jungsteinzeit im schweizerischen Alpenvorland und in Südwestdeutschland. Spätere Funde stammen aus der Römerzeit, aus den Römerkastellen Butzbach und Welzheim sowie aus Xanten am Rhein. Da es sich in allen drei Fällen vermutlich um Wildpflanzen handelt, kann man nicht mit Sicherheit sagen, ob die Wurzeln damals schon von Menschen genutzt wurden. Der Beginn der Kultivierung der wilden Pastinake liegt wahrscheinlich in Italien – ebenfalls in der Römerzeit. Die Bezeichnungen für Pastinake und Möhre wurden im Altertum jedoch wechselseitig verwendet. Daher kann nicht mit Bestimmtheit festgestellt werden, um welche der beiden Gemüsearten es sich in den Schriften aus jener Zeit handelt.

Pastinaken putzende Frau mit Kind / Nicolaes Maes (1655) / National Gallery, London

Die ersten gesicherten Angaben über den Anbau der Pastinake in Deutschland, finden sich in den Kräuterbüchern des 16. Jahrhunderts. Anhand der erhaltenen Abbildungen, können Pastinake und Möhre hier leicht auseinander gehalten werden. Der Botaniker Hieronymus Bock beschreibt die Pastinake bereits 1539 als Kost der einfachen, arbeitsseligen Leute. Bis in das 19. Jahrhundert hinein, gehörte die Kulturform dann auch zu den wichtigsten Grundnahrungspflanzen.

Dottenfelderhof, Ende des 19. Jahrhunderts

Besonders in den Wintermonaten war die Pastinake wegen ihrer wertvollen Inhaltsstoffe und ihrer Frosttoleranz sehr beliebt.

Während die Pastinake in Ländern wie England, Frankreich und Schweden bis heute regelmäßig auf dem Speiseplan steht, wurde sie in Deutschland mit Beginn des 20. Jahrhunderts durch den Anbau von Kartoffel und Möhre weitestgehend verdrängt. Lange Zeit wurde sie daher nur noch als Würzgemüse verwendet. Gegen Ende der 90er Jahre erkannte man dann allerdings ihre hervorragende Eignung als allergenfreie Babynahrung. Unter anderem dadurch steigerte sich ihr Bekanntheitsgrad so, dass sie in den letzten Jahren wieder häufiger auf dem Speiseplan der Deutschen erschienen ist. Bisher wird sie vor allem von ökologisch wirtschaftenden Landwirten angebaut und findet sich daher hauptsächlich im Sortiment der Bioläden.

Pflanzenkunde

Die Pastinake/der Pasternak ist auch unter dem Namen Hammelmöhre, Hirschmöhre, Moorwurzel und Welsche Petersilie bekannt. Je nach Region gibt es noch andere Abwandlungen wie Balsternak im Niederdeutschen oder Pasternaat im Sächsischen. Die alte hessische Bezeichnung Krützel- oder Kruckelmöhre oder der Rosskemmich auf der Schwäbischen Alb, lassen dagegen kaum noch einen Zusammenhang zum Ursprungsnamen erkennen.

Die Pastinake (Pastinaca sativa) gehört zur Familie der Doldenblütler (Umbelliferae). Weitere Vertreter dieser Familie sind Möhre, Sellerie und Fenchel sowie die Petersilienwurzel. Wie der Name „Welsche Petersilie" schon andeutet, gleicht die Pastinake äußerlich vor allem der Petersilienwurzel. Die Blätter der Pastinake sind jedoch etwas größer und ihre Wurzel hat einen verdickten Kopfteil mit einer Vertiefung zum Ansatz des Blattgrüns hin.

Die kultivierte Pastinake ist ein zweijähriges, krautiges Wurzelgemüse. Im ersten Jahr bildet sie eine Rosette aus einfach gefiederten Blättern von bis zu 60 cm Höhe und eine fleischige Rübe, im zweiten Jahr bildet sie den Samen aus. Die Rübe wird im Schnitt 15 bis 20 cm lang. Sie hat einen Durchmesser von 4 bis 7 cm im Kopfbereich und wiegt 100 bis 250 g. Äußerlich ist sie weißlich-gelb, meist kegelförmig mit dunklen Querrillen. Ihr Fleisch ist schneeweiß bis cremig, im gekochten Zustand auch zart gelblich. Der Pflanzenteil erreicht Wuchshöhen von 30 bis 120 cm. Unter bestimmten Boden- und Standortvoraussetzungen kann er auch mannshoch werden.

Die Pflanze hat bis zu 11 Laubblätter an einem Stengel. Sie sind groß, grasgrün, eiförmig-länglich und fiederteilig mit gesägtem Rand. Ihre Oberseite ist meist glänzend, die Unterseite weichhaarig. Die Dolden sind mäßig groß bis ziemlich klein, flach aber nicht gedrungen. Die 5 bis 15 Doldenstrahlen sind unterschiedlich lang, schlank, kantig oder gestreift, spärlich, kurzborstig-raulich bis dichtpflaumig. Die Pastinake blüht von Juli bis September und wird in dieser Zeit von Insekten aller Art besucht. Ihre sattgelben Blüten sind nach innen gerollt, teils zwittrig, teils männlich. Ihr Geruch ist erdhaft-aromatisch. Die Früchte sind stark platt gedrückt und etwa 5 bis 7 mm lang und 4 bis 5 ½ mm breit. Sie sind zweiflügelig und beide Flügel können keimfähig sein. Ihre Farbe ist hellbraun und auf der Teilungsebene etwas dunkler. Eine Besonderheit der Pastinake ist eine zunehmende Süße durch Frosteinwirkung vor der Ernte. Dabei wird durch die Kälte, die in der Wurzel enthaltene Stärke teilweise in Zucker umgewandelt.

Die Pastinake ist auch heute noch als Wildpflanze in Europa verbreitet. Sie bevorzugt lehmige Böden und wächst an Straßen- und Wegrändern, in Steinbrüchen und im Schutt. Selten wächst sie auch auf trockenen bis mäßig feuchten Wiesen. Dort ist sie zusammen mit Pflanzen wie Wegwarte, Steinklee und Disteln zu finden. In der Steiermark wächst sie bis auf 700 Metern und im Wallis sogar noch in Höhenlagen von bis zu 1.400 Metern. Die wilde Pastinake hat etwas schmalere Blätter und eine dünnere und kürzere Wurzel, ist der Kulturpflanze aber ansonsten sehr ähnlich.

Biologisch-Dynamische Züchtung

Die Pastinake zählt zu unseren ursprünglichsten Kulturpflanzen, in die bisher vergleichsweise wenig Züchtungsarbeit eingeflossen ist. Der Dottenfelderhof in Bad Vilbel bei Frankfurt, sowie andere biologisch-dynamisch wirtschaftende Höfe, widmen sich jedoch inzwischen seit über 10 Jahren der spannenden Aufgabe, die Qualität der Pastinake zu verbessern und gleichzeitig ihren typischen Charakter zu erhalten.

Diese züchterischen Bemühungen, Gemüsesorten zu entwickeln, die vor allem für den Bio-Anbau geeignet sind, haben ihre ersten Impulse bereits in den 20er Jahren des letzten Jahrhunderts erfahren. In den 50er und 60er Jahren haben sich dann vereinzelte Gärtner und Landwirte intensiver mit der Praxis der biologisch-dynamischen Pflanzenzüchtung auseinander gesetzt, woraus sich in den 80er Jahren der „Initiativkreis für Gemüsesaatgut aus biologisch-dynamischem Anbau" entwickelt hat.

Auch am Dottenfelderhof wurden in jenen Jahren unter der Leitung von Dieter Bauer und Hartmut Spieß die ersten Schritte zu einer eigenständigen, ökologischen Pflanzenzüchtung unternommen. In den 90er Jahren entstand aus dem Initiativkreis für Gemüsesaatgut der gemeinnützige Verein „Kultursaat". Ein Hauptanliegen des Vereins ist, neben der geschmacklichen Weiterentwicklung des Gemüses, die Erhaltung samenfester Sorten. Diese können nachgebaut und damit auch in Zukunft weiter entwickelt werden – im Gegensatz zu den sonst üblichen Hybridsorten.

Inzwischen ist durch die Zusammenarbeit verschiedener biologisch-dynamischer Züchter die Pastinaken-Neuzüchtung „Aromata" entstanden. Aufgrund ihres süß-aromatischen Geschmacks zählt sie zu den besonders Feinen der Pastinakenfamilie. Ihr Saatgut ist bereits im Verkauf und wird von Erwerbsbauern in zunehmendem Maße bevorzugt.

Am Dottenfelderhof werden neben der neuen Sorte „Aromata", unter anderem auch die etablierten Sorten „White Gem" und „Halblange Weiße" mit guten Erfolgen angebaut und züchterisch weiterentwickelt.

Durch die bisherige Züchtungsarbeit haben sich bei einigen Sorten bereits merkliche geschmackliche Verbesserungen ergeben. Auch zukünftig wird daran gearbeitet, die geschmacklichen Eigenschaften der Pastinake weiter zu verbessern und die Formenvielfalt der Wurzeln zu erhalten. Im Weiteren sollen individuelle Verwendungs- und Verarbeitungsmöglichkeiten bei den einzelnen Sorten herausgearbeitet werden. Dafür wurden die Rezepte in diesem Buch im Rahmen eines Sortenvergleichs von der Autorin probegekocht und von Mitarbeitern der Züchtung sowie einigen Landbauschülern des Dottenfelderhofs verkostet und sorgsam ausgewählt.

Ein Anliegen des Dottenfelderhofs und somit der Anstoß für dieses Buch bestand also darin, dieses einheimische und charaktervolle Wurzelgemüse bekannter zu machen und dem Verbraucher die vielseitigen Möglichkeiten der Zubereitung in der Küche zu vermitteln.

Foto: Züchtung Dottenfelderhof

Gartenkunde

Boden und Fruchtfolge

Der Anbau von Pastinaken ist recht einfach. Die Pflanzen gedeihen überall, wo auch Möhren gerne wachsen. Voraussetzung ist, dass der Boden einigermaßen tiefgründig und humusreich ist. Die Pastinake bevorzugt einen garen, lehmig-humosen oder auch moorigen Boden. Sie verträgt keine Staunässe, kommt aber auch mit feuchterem Boden zurecht. Im Erwerbsanbau wird sie gerne auf Dämmen angebaut, im Hausgarten sind Flachbeete jedoch hinreichend. Um auf leichten Sandböden zu gedeihen, müssen diese einen guten Humusgehalt haben. Nur schwere Tonböden eignen sich nicht.

Die Pastinake ist eine sehr verträgliche Pflanze und gedeiht daher nach fast jeder Vorfrucht. Um einen ausgeglichenen Nähr- und Mineralstoffhaushalt zu erhalten, sollten Doldenblütler wie Pastinake, Möhre und Co. jedoch nur alle vier Jahre an der gleichen Stelle im Beet kultiviert werden.

Aussaat und Wachstum

Der optimale Zeitpunkt für die Aussaat ist von Ende März bis Ende April, da zu dieser Zeit ein zügiger Aufgang der Pflanzen gewährleistet ist. Die Aussaat ist jedoch auch noch bis Juni möglich. Die Haltbarkeit sowie die Keimfähigkeit der Samen, haben sich durch die züchterische Arbeit wesentlich verbessert. So bleiben die Samen inzwischen zwei bis vier Jahre keimfähig. Die Pflanze hat ein üppiges Wachstum. Die Samen sollten daher dicht ausgesät und die jungen Pflanzen nach drei bis vier Wochen auf einen Abstand von 3 bis 5 cm in der Reihe vereinzelt werden. Der Reihenabstand liegt idealer Weise bei 30 bis 35 cm, die Saattiefe zwischen 2 und 3 cm. Die übliche Keimung dauert bei Pastinaken 15 bis 25 Tage. Das Hauptwachstum der Wurzel setzt erst im September und Oktober ein. Daher ist die Wachstumszeit der Pastinake, von der Saat bis zur Wurzelernte, mit etwa 220 Tagen recht lang.

Pflege und Krankheiten

Neben einer häufigen Bodenlockerung und dem Unkrauthacken, ist das regelmäßige Wässern eine der Hauptaufgaben bei der Pflege der Pflanze. Durch extreme Trockenheit kann es sonst zu Rissen in der Rübe kommen. Bei richtiger Pflege und Einhaltung einer Fruchtfolge, treten Krankheiten eher selten auf. Vereinzelt kann Falscher- und Echter Mehltau, sowie Möhrenschwärze vorkommen. Gelegentlich wird sie von Möhrenfliegen und Blattläusen befallen. Bei regnerischen, feuchten Witterungsperioden kann es zu einem Pilzbefall (Cercosporella pastinacae) kommen, der sich durch hellbraune Blattflecken mit einem dunkleren, rötlichbraunen Rand zeigt. Gegenmaßnahmen sind kaum erforderlich.

Ernte und Lagerung

Geerntet wird von Oktober bis Mai. Da die Pastinake frosthart ist, kann man sie den Winter über im Boden lassen und je nach Bedarf ernten. Wichtig: Beim Umgang mit den Blättern der Pflanze können im Zusammenhang mit Sonnenschein, phototoxische Reaktionen durch ätherische Öle auf der Haut auftreten. Tragen Sie daher bei der Pflege und Ernte am besten Handschuhe und langärmelige Kleidung.

Die Pastinaken können, in Laub oder Stroh liegend und mit Tannenreisig bedeckt, draußen aufbewahrt werden. Man kann sie auch in einer Kiste auf dem Balkon aufbewahren. Aber auch im kühlen Keller in Sand eingeschlagen, können Pastinaken bis zu fünf Monate gelagert werden.

Ernährung

Die Pastinake ist ein äußerst aromatisches Wintergemüse mit einem unverwechselbaren Duft. Allen Pastinakenwurzeln gemein ist das typisch-süßwürzige Aroma, das sie unter anderem dem hohen Gehalt an ätherischen Ölen verdankt. Je nach Sorte und Anbaubedingungen treten der süße oder der würzige, nussartige Geschmack in den Vordergrund. Andere zeichnen sich durch ein dezenteres, feines Aroma aus. Selten gibt es Pastinaken, die roh ein wenig scharf und bitter sind. Beides verliert sich jedoch durch den Kochvorgang.

Die Pastinake ist eine unserer gesündesten Gemüsepflanzen. Ein Nährstoffvergleich mit bekannten Gemüsearten wie Möhre, Sellerie und Lauch zeigt, dass sie sich gut mit ihnen messen kann und bei einigen Inhaltsstoffen sogar vorne liegt. Sie hat einen hohen Trockensubstanzgehalt und ist besonders reich an Stärke. Dies trägt zu einem angenehmen und anhaltenden Sättigungsgefühl bei. Dem in der Pastinake enthaltenen Kohlenhydrat Pektin, wird außerdem eine darmregulierende Wirkung nachgesagt.

Thiamin, das Vitamin B1, unterstützt die Nerven-, Muskel- und Enzymfunktionen des Körpers. Riboflavin, Vitamin B2, wirkt positiv auf die Struktur der Haut sowie auf den Stoffwechsel, das Körperwachstum und die Zellatmung. Ebenfalls enthalten ist die als Vitamin C bekannte Ascorbinsäure. Neben der Stärkung der Abwehrkräfte, hat sie positive Wirkung auf das Stützgewebe und ermöglicht eine verbesserte Eisenaufnahme. Eine gute Vitamin C Versorgung unterstützt außerdem die Wundheilung. Ein weiteres, in der Pastinake enthaltenes, Vitamin ist die Folsäure. Sie wird für die Blutwirkung, die Teilung und Neubildung von Zellen und die Aktivierung von Enzymen benötigt.

Die Pastinake enthält Mineralstoffe wie Eisen, Calcium, Magnesium und Phosphor in nennenswerten Mengen. Besonders reich ist sie an Kalium. Es wirkt positiv auf die Erhaltung der Gewebespannung und auf den Wasserhaushalt, also den Austausch von Flüssigkeiten im Gewebe. Kalium wird auch für die Aktivierung zahlreicher Enzyme benötigt und nimmt Einfluss auf die Übertragung von Nervenreizen.

Zu berücksichtigen ist, dass die Pastinake während des Kochvorgangs einen Teil des Kaliums an das Kochwasser abgibt. Es empfiehlt sich daher, möglichst wenig Wasser zu nehmen und es danach weiter zu verwenden. Daraus lassen sich zum Beispiel hervorragend Suppen und Soßen herstellen.

Neben ihren vielen gesunden Inhaltstoffen, ist die Pastinake ein sehr allergenarmes Gemüse und eignet sich daher besonders für die Ernährung von Säuglingen und Kleinkindern. Aufgrund dieser wertvollen Inhaltstoffe, wird die Pastinake auch als Heilmittel eingesetzt. Es wird ihr vor allem eine appetitanregende und harntreibende Wirkung sowie die Linderung von Magen-Darm-Beschwerden nachgesagt. Die heilende Wirkung lässt sich vor allem auf die enthaltenen ätherischen Öle zurückführen, wie z.B. auf den Wirkstoff Apiol. Dem Kümmelöl ähnlich, hilft er vor allem bei Verdauungsbeschwerden.

Zubereitung und Verarbeitung

Einkauf

Die ersten Pastinaken sind ab September erhältlich. Ihre Hauptsaison geht von November bis April. Beim Einkauf sollte darauf geachtet werden, dass die Wurzel fest und straff ist und bei leichtem Druck nicht nachgibt. Besonders schmackhaft sind die kleinen bis mittelgroßen Exemplare von etwa 4 bis 6 cm Durchmesser. Zwar können Pastinaken leicht einen Durchmesser um die 8 cm erreichen, die großen Wurzeln sind dann jedoch häufiger holzig.

Zubereitungsarten

Die Pastinake lässt sich auf viele Arten zubereiten. Ob allein oder zusammen mit anderem Gemüse, eignet sie sich fantastisch für Salate, Suppen, Eintöpfe, Gemüsebeilagen, Aufläufe und Gratins. Sie kann dementsprechend gegart, gedünstet, gebacken, geschmort, gebraten oder auch frittiert oder glasiert werden. Auch schmackhafte Süßwaren lassen sich daraus herstellen. In Irland wird sie aufgrund ihres Stärkegehaltes sogar teilweise zum Bierbrauen verwendet. Eine klassische Beilage im angelsächsischen Raum sind „Mashed Parsnips" – Pastinaken zubereitet als würziges Püree, das traditionell zu kurzgebratenem oder gegrilltem Fleisch gereicht wird. Sie lassen sich besonders gut mit Möhren, Sellerie und Kartoffeln kombinieren, schmecken aber auch mit vielen anderen Gemüsearten wie Lauch oder Bohnen. Die Pastinake passt ebenso gut zu Gerichten mit Äpfeln, Rosinen und Nüssen. Als Gewürze empfehlen sich Senfkörner, Muskatnuss, Ingwer, Kreuzkümmel, Kardamom, Koriander und Kurkuma. Auch Curry und Chili ergänzen den süßlichen Geschmack der Wurzelknolle hervorragend. Kräuter wie Petersilie, Dill, Kerbel, Schnittlauch, Zitronenmelisse und Thymian sowie Zitronen- oder Limettensaft, tragen ebenso zur Abrundung ihres speziellen Geschmacks bei.

Verarbeitung

Frisch aus dem Garten werden die Pastinaken zunächst geputzt, um sie von der Erde zu befreien. Danach werden sie in der Regel dünn geschält und gewaschen. Der Blattansatz wird knapp abgeschnitten. Frische und zarte Pastinaken können auch mit der Schale verarbeitet und gegessen werden. Aber auch nach dem Garen lässt sie sich noch entfernen. Dies empfiehlt sich insbesondere dann, wenn die Wurzeln schon etwas älter sind. Ist der Kern holzig, sollte er vor der Zubereitung ausgeschnitten werden, damit die Pastinake gleichmäßig gart.

Je nach Bedarf können die Pastinaken in Scheiben geschnitten, gewürfelt, längs halbiert bzw. geviertelt oder auch geraspelt werden. Ihre Konsistenz ist etwas weicher als die der Möhre. Daher ist die Kochdauer auch kürzer als bei Möhren und Kartoffeln. Ganze Wurzeln brauchen je nach Größe 20 bis 30 Minuten bis sie gar sind. Kleinere Stücke etwa 10 bis 15 Minuten. Werden die geschnittenen Pastinaken nicht gleich verarbeitet, kann man sie in Essig- oder Zitronenwasser legen und so vermeiden, dass sich das Fruchtfleisch dunkel verfärbt.

Lagerung

Im Kühlschrank halten sich ganze Pastinaken etwa eine Woche. Sie können auch bis zu 8 Monate tiefgekühlt werden. Dazu schneidet man sie am besten in Scheiben oder Stifte und blanchiert sie 3 Minuten. Auch ganze Pastinaken kann man tiefkühlen, wenn sie vorher 5 Minuten blanchiert wurden.

Rezepte

Pastinaken
Salat mit Essig & Öl

500 g Pastinaken
1 kleine Zwiebel
1 kleiner Bund Petersilie
Essig und Öl
Salz
Pfeffer, frisch gemahlen
etwas Zucker

Die Pastinaken schälen und in wenig Salzwasser etwa 10 Minuten bissfest garen. In der Zwischenzeit die Zwiebel und die Petersilie fein hacken. Die fertig gekochten Pastinaken einen Moment abkühlen lassen und dann in Scheiben schneiden. Eine Soße aus Essig, Öl, Salz, Pfeffer und Zucker anrühren, die Zwiebelwürfel und Kräuter dazugeben. Das Ganze mit den Pastinakenscheiben vermischen.
Für die volle Entfaltung des Aromas, den Salat eine Stunde ruhen lassen und dann noch einmal durchmischen.

Veganes Gericht für 4 Personen
Zubereitungszeit: 40 Minuten

Dieser Salat ist einfach zuzubereiten. Aufgrund der wenigen Zutaten, kommen die Süße und das Aroma der Pastinake voll zur Geltung.

Pastinaken Salat mit Rosinen

500 g Pastinaken
3 EL Rosinen
2 EL Mandeln, gehackt
1 EL Estragon, frisch oder getrocknet
1 EL Honig
Saft einer ½ Zitrone
3 EL Walnussöl
Salz
Pfeffer, frisch gemahlen

Die Pastinaken schälen und in wenig Salzwasser etwa 10 Minuten bissfest garen. Die Pastinaken gut abkühlen lassen und anschließend grob raspeln.
Die Rosinen einige Minuten in dem Kochwasser der Pastinaken einweichen und dann gut abtropfen lassen. Rosinen, Mandeln und Estragon zu den Pastinaken geben.
Den Honig mit Zitronensaft, Walnussöl, Salz und Pfeffer zu einer Soße verrühren, zu den anderen Zutaten geben, mischen und abschmecken.

Veganes Gericht für 4 Personen
Zubereitungszeit: 40 Minuten

Bei diesem Rezept unterstreichen der Honig und die Rosinen die Süße, der Estragon das Würzige der Pastinake. Zusammen mit den Mandeln ergibt sich eine abgerundete Komposition.

Pastinaken Rohkostsalat

200 g Pastinaken
200 g Weißkohl
200 g Äpfel
grobes Meersalz
1 ½ EL Weissweinessig
2 EL Sonnenblumenöl
150 g Schlagsahne
Pfeffer, frisch gemahlen
Saft einer ½ Zitrone
1 TL Meerrettich

Die Pastinaken und den Weißkohl mit der Küchenmaschine oder mit der Handreibe fein (aber nicht zu fein) raspeln, salzen und mindestens 5 Minuten mit den Händen kräftig durchkneten. Die Pastinaken und der Kohl werden dadurch weicher und saftiger.
Essig, Öl, Sahne, Pfeffer, Zitronensaft und Meerrettich zu einer Soße verrühren. Die Pastinaken und den Weißkohl in die Soße geben. Als letztes die Äpfel reiben, dazugeben und alles vermengen.
Pastinaken eignen sich auch für viele andere Rohkost-Varianten, z. B. mit Möhren (im Bild oben rechts). Als Grundlage für das Dressing empfehlen sich Süße oder Saure Sahne, Crème fraîche, Joghurt sowie Essig und Öl.

Vegetarisches Gericht für 4 Personen
Zubereitungszeit: 30 Minuten

Rohkost-Liebhaber kommen hier in den Genuss des typischen, kräftigen Geschmacks der Pastinake, hervorragend ergänzt durch Apfel und Weißkohl.

Pastinaken Apfelsuppe

700 g Pastinaken

250 g Kartoffeln

350 g Äpfel

1 Zwiebel

etwas Butter oder neutrales Öl

1 TL Curry

1 l Gemüsebrühe

Salz

Pfeffer, frisch gemahlen

Nach Geschmack: etwa 2 EL Saure Sahne oder Crème fraîche und frische Kräuter

Pastinaken, Kartoffeln und Äpfel schälen und in kleine Würfel schneiden. Zwiebel schälen, in kleine Würfel schneiden und in etwas Butter oder Öl andünsten. Wenn sie glasig sind, Curry dazugeben.

Pastinaken, Kartoffeln und die Apfelstücke zu dem Zwiebel-Curry-Gemisch geben und zugedeckt etwa 10 Minuten schmoren lassen. Dann die Gemüsebrühe dazugeben und etwa 15 Minuten köcheln lassen. Die Suppe anschließend ganz fein pürieren. Das Ganze mit Salz und Pfeffer abschmecken und noch ca. 5 Minuten köcheln lassen. Nach Geschmack, die Suppe noch mit Saurer Sahne oder Crème fraîche verfeinern und mit Kräutern garnieren.

Falls die Suppe nach dem Pürieren zu dickflüssig ist, etwas Wasser nachgießen.

Vegetarisches Gericht für 4 Personen
Zubereitungszeit: 45 Minuten

Die Pastinake steht hier geschmacklich im Mittelpunkt. Äpfel und Curry unterstreichen die Frische und spezielle Würze des Gemüses.

Pastinaken Senfsuppe

700 g Pastinaken
1 Zwiebel
etwas Butter oder neutrales Öl
1 l Gemüsebrühe
1 TL Koriander, gemahlen
½ TL Kurkuma
½ TL Kreuzkümmel
Salz
Pfeffer, frisch gemahlen
150 ml Schlagsahne
1 TL Senfkörner
2 Knoblauchzehen
1 EL Sonnenblumenöl

Die Pastinaken und die Zwiebel schälen und in Würfel schneiden. Butter oder Öl in einem Topf erhitzen und die Pastinaken- und Zwiebelwürfel darin andünsten. Die Brühe zugießen und die Gewürze, Salz und Pfeffer hinzugeben. Zugedeckt etwa 30 Minuten köcheln lassen, bis die Pastinaken weich sind. Den Topf vom Herd ziehen, das Ganze fein pürieren und die Sahne dazugeben. Nochmals kurz erhitzen und abschmecken.

Knoblauch schälen und in feine Streifen schneiden, mit den Senfkörnern in heißem Sonnenblumenöl anrösten, bis die Körner springen. Über die Suppe geben und sofort servieren!

Vegetarisches Gericht für 4 Personen
Zubereitungszeit: 60 Minuten

Der Knoblauch und die Senfkörner unterstreichen die kräftige Seite der Pastinake. Nichts desto trotz, ist die Suppe etwas für „Fein"-Schmecker.

Pastinaken Gemüsesuppe

600 g gemischtes Gemüse, z. B.
Pastinaken
Möhren
Stangensellerie
Lauch
grüne Bohnen
Blumenkohl
400 g Tomaten
250 g Kartoffeln
frische Kräuter, z. B. Schnittlauch, Petersilie und Dill
etwas Butter oder Öl
1 l Gemüsebrühe
etwas Salz
Pfeffer, frisch gemahlen
2 Spritzer Sojasauce

Pastinaken, Möhren und Sellerie in dünne Scheiben, den Lauch in feine Ringe schneiden. Die Bohnen in etwa 2 cm lange Stücke, den Blumenkohl in kleine Röschen schneiden. Tomaten mit kochendem Wasser überbrühen, etwa 1 Minute ziehen lassen, Haut abziehen, Kerne entfernen und das Fleisch würfeln. Kartoffeln schälen und in kleine Würfel schneiden. Kräuter waschen und sehr fein hacken.
Die Butter bzw. das Öl erhitzen und die Kartoffeln und das Gemüse kurz darin schmoren. Mit Gemüsebrühe ablöschen und bei mittlerer Hitze etwa 15 Minuten köcheln lassen. Ein paar Minuten bevor die Suppe fertig gegart ist, Salz, Pfeffer, Sojasauce und die Kräuter dazugeben.
Zu dieser Suppe bietet sich frisches, kräftiges Bauernbrot und ggf. eine grobe Rindswurst an.

Vegetarisch oder mit Fleischbeilage für 4 Personen
Zubereitungszeit: 60 Minuten

Im 19. Jahrhundert war die Pastinake eine klassische Zutat in Suppen und Eintöpfen! Ergänzen Sie doch einfach mal Ihren eigenen „Gemüsesuppen-Klassiker" um diese schmackhafte Zutat.

HOF

Pastinaken Gemüsetopf

250 g Pastinaken
250 g Möhren
1 Zwiebel
1 Knoblauchzehe
2 EL Olivenöl
200 g Zucchini
200 g Tomaten
¼ l Gemüsebrühe
1 TL Salz
Pfeffer, frisch gemahlen
etwa 100 g Emmentaler Käse, gerieben
Nach Geschmack: 100 g durchwachsener Räucherspeck, gewürfelt

Die Pastinaken und Möhren schälen und in feine Scheiben schneiden. Die Zwiebel schälen und fein würfeln. Den Knoblauch schälen und fein hacken. Das Öl in einem großen Topf erhitzen. Die Zwiebelwürfel, den Knoblauch und ggf. den gewürfelten Speck darin andünsten. Pastinaken und Möhren dazugeben und 10 Minuten mit dünsten.
Die Zucchini in Scheiben, die Tomaten in kleine Würfel schneiden und dazugeben. Mit der Brühe aufgießen und mit Salz und Pfeffer würzen. Etwa 15 Minuten köcheln lassen.
Vor dem Servieren mit dem Emmentaler bestreuen.

Vegetarisch oder mit Fleischbeilage für 4 Personen
Zubereitungszeit: 50 Minuten

Die klassische Kombination von Möhre, Zucchini und Tomate, wird hier um die schmackhafte Komponente Pastinake erweitert. Der Käse rundet das Ganze hervorragend ab.

Pastinaken Curry Gemüse

250 g Pastinaken
250 g Kürbis
250 g Kartoffeln
250 g Möhren
1 Zwiebel
3 Knoblauchzehen
1 EL Leinöl
1 TL Senfkörner, gehäuft
100 ml Wasser
4 EL Kokosmilch
1 TL Curry, gehäuft

Pastinaken, Kürbis, Kartoffeln sowie Möhren schälen und würfeln. Zwiebel und Knoblauch fein hacken. Öl in einem Topf erhitzen, Senfkörner hinzufügen und kurz anrösten, bis sie anfangen zu springen. Zwiebel- und Knoblauchstücke in den Topf geben und kurz dünsten. Dann das Gemüse hinzufügen und mit Wasser aufgießen. 15 Minuten köcheln lassen, bis das Gemüse fast weich ist. Kokosmilch und Curry beigeben und 5 Minuten einköcheln lassen. Das Ganze vorzugsweise mit Reis servieren.

Veganes Gericht für 4 Personen
Zubereitungszeit: 45 Minuten

Auch in einigen asiatischen Ländern ist die Pastinake eine beliebte Zutat für Gemüsegerichte.

Pastinaken Püree mit Kassler

800 g Pastinaken
400 g Kartoffeln
450 g Rosenkohl
100 ml Milch
100 ml Schlagsahne
140 g Butter
Salz
Muskatnuss, frisch gerieben
250 ml Bratenfond für Schweinefleisch
2 Zwiebeln
2 Nelken
2 Lorbeerblätter
2 Thymianzweige
Bratöl
4 Kasslerscheiben, mager

Den Backofen auf 80 °C vorheizen. Die Pastinaken und Kartoffeln schälen, in Würfel schneiden und in wenig Salzwasser etwa 15 Minuten gar kochen. Den Rosenkohl waschen, in ein wenig Salzwasser etwa 10 Minuten bissfest garen und dann im Ofen warm stellen. Die Pastinaken und die Kartoffeln abgießen, Milch, Sahne und 40 g Butter hinzugeben und fein pürieren. Das Ganze mit Salz und Muskatnuss abschmecken und im Backofen warm stellen.

Den Fond anrühren. Die Zwiebeln schälen, klein hacken und mit etwas Butter anschwitzen. Anschließend mit dem Fond ablöschen, die Nelken hinzu geben und einkochen. Dann die Lorbeerblätter und die Thymianzweige hinzufügen und mit köcheln. Anschließend die Gewürze entfernen, die Soße pürieren und mit der restlichen Butter binden. Das Öl in einer Pfanne erhitzen und das Fleisch von beiden Seiten jeweils etwa eine Minute scharf anbraten.

Fleischgericht mit Beilage für 4 Personen
Zubereitungszeit: 50 Minuten

Pastinakenpüree: Ein Klassiker aus England! Häufig mit dunklem, gegrilltem oder gebratenem Fleisch serviert, passt aber auch hervorragend zu Kassler, Rostbratwurst oder als Beilage zu anderem Gemüse.

Pastinaken Puffer

400 g Pastinaken
300 g Möhren
300 g Kartoffeln
3 Eier
4 EL Mehl (nach Bedarf mehr oder weniger)
etwas Salz
etwas Koriander
etwa 1 TL Honig
Bratöl
500 g Quark
frische Kräuter
Salz
Pfeffer, frisch gemahlen

Die Pastinaken, Möhren und Kartoffeln schälen. Alles auf einer Rohkostreibe grob raspeln. Das Gemüse mit den Eiern und dem Mehl mischen. Mit Salz, Koriander und Honig abschmecken und kleine flache Puffer formen. Die Puffer in reichlich heißem Öl von beiden Seiten goldbraun braten.
Die Kräuter hacken, unter den Quark rühren, mit Salz und Pfeffer abschmecken und zusammen mit den Puffern servieren.
Zum Braten eine großzügige Menge Öl verwenden. Nachdem die Puffer aus der Pfanne kommen, auf ein Küchenkrepp legen, um das überschüssige Öl aufzusaugen.

Vegetarisches Gericht für 4 Personen
Zubereitungszeit: 45 Minuten

Durch die Pastinake erhalten die Puffer eine leichte und frische Note. Sie schmecken pur, mit Quark oder auch mit einem knackigen, grünen Salat.

Pastinaken Gemüsepfanne

200 g Pastinaken, 200 g Möhren, 150 g Kartoffeln
2 Zwiebeln
2 EL Sesamöl
1 TL Kardamom, gemahlen
1 ½ TL Kreuzkümmel
1 TL Koriander, gemahlen
1 TL Kurkuma, gemahlen
1 TL Senfkörner
½ TL Chilipulver
2 TL frischer Ingwer, gerieben
300 ml Gemüsebrühe
185 ml Aprikosennektar
2 EL Frucht-Chutney
200 g Paprika
200 g Blumenkohl
200 g Champignons

Pastinaken, Möhren und Kartoffeln schälen und in 2 cm große Stücke schneiden. Zwiebeln schälen und hacken. Öl in einer Pfanne erhitzen. Zwiebeln bei mittlerer Hitze dünsten. Kardamom, Kreuzkümmel, Koriander, Kurkuma, Senfkörner, Chilipulver und Ingwer mischen und zu den Zwiebeln geben. Unter Rühren 1 Minute dünsten.
Pastinaken, Möhren, Kartoffeln, Brühe, Nektar und Chutney dazugeben. Zugedeckt bei mittlerer Hitze ca. 25 Minuten köcheln und dabei gelegentlich umrühren.
Paprika in 2 cm große Stücke schneiden und Blumenkohl in kleine Röschen teilen. Zusammen mit den Pilzen unter das Gemüse in der Pfanne heben. Weitere 10 Minuten köcheln lassen, bis das Gemüse zart aber noch bissfest ist. Das Ganze vorzugsweise mit Reis servieren.

Veganes Gericht für 4 Personen
Zubereitungszeit: 120 Minuten

Mit seinen vielen Kräutern und Gewürzen ist das asiatisch angelegte Gericht etwas zeitaufwändiger in der Vor- und Zubereitung, aber einfach zu kochen und sehr schmackhaft!

Pastinaken
Im Ofen mit Sesam

1 kg Pastinaken
5 EL Sesamkörner
2 TL grobes Meersalz
1 TL Pfeffer, frisch gemahlen
2 Eigelb
etwas Olivenöl

Pastinaken in Salzwasser ca. 15 Minuten bissfest garen (wenn nicht mehr ganz frisch, dann schälen).
In der Zwischenzeit die Sesamkörner ohne Fett, bei mittlerer Hitze, in der Pfanne rösten und den Backofen auf 200 °C Oberhitze vorheizen. Die Sesamkörner, Salz und Pfeffer in einer Schüssel mischen. Die gekochten Pastinaken etwas abkühlen lassen, längs halbieren oder vierteln. Die Schnittfläche mit Eigelb bestreichen und in die Gewürzmischung drücken. Mit der Sesamseite auf ein Backblech legen und die Oberseite mit Öl einpinseln. Auf der oberen Schiene des Backofens ca. 10 Minuten knusprig backen.
Die gebackenen Pastinaken schmecken pur, mit Tomatensoße, Kräuterquark, zu einem Salat und anderem Gemüse.

Vegetarisches Gericht für 4 Personen
Zubereitungszeit: 35 Minuten

Einfach lecker! Einfach in der Zubereitung und Lecker im Geschmack.

Pastinaken Ofengemüse

250 g Pastinaken
250 g Möhren
250 g Knollensellerie
300 g Kartoffeln, festkochend
6 EL Olivenöl
grobes Meersalz
Pfeffer, frisch gemahlen
Rosmarin, 2 frische oder getrocknete Zweige
Thymian, 2 frische oder getrocknete Zweige
etwas Zitronensaft
Alufolie
nach Geschmack: 4 gewürzte Fischfilets

Den Backofen auf 175 °C vorheizen.
Das Gemüse schälen. Pastinaken, Möhren und Kartoffeln längs vierteln, Sellerie in etwas größere Stifte schneiden. Das Gemüse in eine große Schüssel geben und mit dem Öl vermengen. Salz und Pfeffer dazu geben und alles gründlich mischen.
Ein Backblech mit Alufolie auslegen, so dass die Enden ca. 15 cm überstehen. Das Gemüse auf die Alufolie geben. Die Kräuterzweige auf das Gemüse legen und das Ganze mit ein paar Spritzern Zitrone versehen. Die Alufolie zu einem luftigen Päckchen verschließen. Im Backofen etwa 40 Minuten garen.
Das Ofengemüse passt besonders gut zu Fisch. Man kann z. B. gewürzte Fischfilets auf das Gemüse geben und diese mitgaren.

Vegan oder mit Fischbeilage für 4 Personen
Zubereitungszeit: 100 Minuten

Die Pastinake eignet sich hervorragend als Ofengemüse und ist daher eine prima Ergänzung für Möhren, Kartoffeln und Co.

Pastinaken Gemüseauflauf

250 g Pastinaken
250 g Möhren
750 g Kartoffeln
¼ l Saure Sahne
100 g Crème fraîche
etwas Milch
1 EL Mehl
4 EL süßer Senf
1 Prise Muskatnuss
Salz
Pfeffer, frisch gemahlen
1 TL Senfkörner
⅛ l Gemüsebrühe
150 g Emmentaler, gerieben

Backofen auf 200 °C vorheizen.

Pastinaken, Möhren und Kartoffeln schälen und in dünne Scheiben schneiden. Die Scheiben abwechselnd in eine Auflaufform schichten. Saure Sahne und Crème fraîche mit Milch, Mehl, Senf, Muskatnuss, Salz und Pfeffer, Senfkörnern und Gemüsebrühe verrühren und über das Gemüse verteilen. Auflauf etwa 40 Minuten in den Ofen stellen und 10 Minuten vor Ende der Garzeit mit geriebenem Emmentaler bestreuen.

Vegetarisches Gericht für 4 Personen
Zubereitungszeit: 70 Minuten

Die Pastinake ist eine Bereicherung für viele Aufläufe. Neben Möhre und Kartoffel passt diese auch besonders gut zu Lauch und Kohl.

Pastinaken Walnusskuchen

300 g Pastinaken
250 g Butter, zimmerwarm
4 Eier
250 g Roh-Rohrzucker
200 g Walnüsse, möglichst frisch gemahlen
1 Prise Salz
Zitronenschale von 1 Zitrone
300 g Weizenmehl, Vollkorn
2 TL Backpulver
Fett für die Form
Puderzucker

Ofen auf 180 °C vorheizen. Pastinaken schälen und mit einer Gemüsereibe grob raspeln. In ein Sieb geben, abtropfen lassen und dann mit Küchenkrepp auspressen.
Butter glatt rühren. Eier und Zucker abwechselnd dazugeben und die Masse schaumig rühren. Gemahlene Nüsse, Salz, Zitronenschale und die Pastinakenraspeln dazugeben. Mehl und Backpulver zusammenmischen, in den Teig sieben und gründlich untermischen. Die Kastenform mit Backpapier auslegen, gut einfetten und den Teig einfüllen.
Den Kuchen auf der untersten Schiene des Backofens mindestens 75 Minuten backen (Stäbchenprobe machen). Eventuell mit Folie abdecken, damit der Kuchen nicht zu dunkel wird.
Nach dem Abkühlen mit Puderzucker bestreuen.

Für eine Kastenform mit ca. 30 cm Länge
Zubereitungszeit: 100 Minuten

Dieses Rezept ist etwas für Kuchenfreunde, die es gerne saftig und würzig mögen.

Pastinaken Zitronenmuffins

250 g Pastinaken
115 g Butter, zimmerwarm
225 g Zucker
3 Eier
60 ml Buttermilch
220 g Weizenmehl, Vollkorn
1½ TL Natron
1 Prise Salz
3 TL Zitronenschale
Muffinform
Muffin-Papierförmchen

Den Backofen auf 190 °C vorheizen.
Die Pastinaken schälen und würfeln. Dann ca. 15 Minuten weich kochen und anschließend pürieren. Butter und Zucker cremig rühren. Eier einzeln hineinarbeiten. Das Pastinakenpüree und die Buttermilch hineinrühren. Mehl, Natron, Salz und die Zitronenschale in einer großen Schüssel vermischen. Diese Trockenzutaten zu der restlichen Mischung geben und nur kurz durchrühren, um es gerade zu vermengen. Die Muffinform mit Papierförmchen auslegen und die Masse in die Vertiefungen füllen. Ca. 20 Minuten backen (Stäbchenprobe machen). Das Blech aus dem Ofen nehmen und die Muffins auskühlen lassen.

Ergibt 12 Muffins
Zubereitungszeit: 40 Minuten

Ein süß-saurer Genuss! Durch die Pastinake ergibt sich eine fluffige Konsistenz und eine dezente Würze.

Pastinaken Schokopralinen

400 g Pastinaken, mittelgroß
50 g Zucker
50 g Puderzucker
1 TL Orangenschale, fein gerieben
1 TL Zitronenschale, fein gerieben
je eine Prise Vanille-, Zimt- und Ingwerpulver
200 g Kuvertüre, z. B. Zartbitter

Tag 1: Eine Mischung aus Zucker, Orangen- und Zitronenschalen, Ingwer, Vanille und Zimt herstellen und einen Tag lang ziehen lassen.
Tag 2: Ofen auf 160-180 °C vorheizen. Die Mischung mit 50 g Puderzucker vermengen. Die Pastinaken schälen und in etwa ½ cm dicke Scheiben schneiden. Wenn gewünscht, den Scheiben mit einem Ausstecher eine bestimmte Form geben. Die Scheiben auf ein mit Backpapier ausgelegtes Blech legen und beide Seiten mit der Mischung bestreuen. Das Ganze 20 Minuten in den Ofen stellen. Durch den Puderzucker verläuft die Mischung leicht und bleibt so an den Scheiben haften. Danach die Scheiben eine halbe Stunde auskühlen lassen. In der Zwischenzeit die Kuvertüre zerkleinern und im Wasserbad erhitzen (Angaben zum Herstellen von Glasuren, siehe einschlägige Literatur). Die Scheiben eintauchen, kurz abtropfen, auf Backpapier auslegen und auskühlen lassen.

Ergibt etwa 30 Pralinen
Zubereitungszeit: 1. Tag: 10 Minuten, 2. Tag: 90 Minuten

Machen Sie Ihren Lieben doch mal eine ganz spezielle Freude, z. B. an Weihnachten mit selbst gemachten Stern-Pralinen.

Pastinaken Chips

Zutaten Chips:
500 g Pastinaken
Bratöl
Salz

Pastinaken in dünne Scheiben schneiden (wenn nicht mehr ganz frisch, dann schälen). In reichlich heißem Öl knusprig braten, bis sie kross sind. Auf Küchenkrepp abtropfen lassen und salzen – fertig!

Zutaten Dip:
1 reife Avocado
1 EL Saure Sahne
1 EL Zitronensaft
1 EL Olivenöl
1 Tomate
1 TL Koriander
Salz
Pfeffer, frisch gemahlen

Die Chips schmecken pur und mit Gemüse-Dips,
z. B. mit Avocado Creme:
Avocado, Saure Sahne, Zitronensaft, Olivenöl, Tomate ohne Kerne und den Koriander im Mixer zu einem glatten Dip verarbeiten. Mit Salz und Pfeffer abschmecken, kalt stellen und möglichst zeitnah verzehren.

Vegetarisches Gericht für 4 Personen
Zubereitungszeit: 15 Minuten

Einfach, schnell, vielseitig und richtig lecker! Die Chips: als kleinen Snack zwischendurch, zum Garnieren von Salaten oder als Beilage.

Über die Autorin

Die Autorin Judith Schake hat sich schon während Ihres erfolgreich absolvierten Studiums der Haushalts- und Ernährungswirtschaft an der Fachhochschule Fulda mit verbraucherrelevanten Fragen zu nachhaltiger und gesunder Lebensweise beschäftigt. Nach mehrjähriger Tätigkeit im Marketingbereich eines bekannten Kurbetriebes in der Eifel wollte sie sich vertiefend dem Thema Landwirtschaft und Ernährung widmen. Ihr war bewusst, dass heimische, ökologisch angebaute und erzeugte Nahrungsmittel eine besondere Bedeutung für gesunde Ernährung haben. Deshalb hat sie sich in einem weiteren Studienjahr, an der über die Grenzen hinaus bekannten Landbauschule des Dottenfelderhofs, mit biologisch-dynamischer Landwirtschaft und Ernährung vertraut gemacht.

Seit Mitte 2010 arbeitet sie als freie Fachjournalistin rund um die Themen biologisch-dynamische bzw. ökologische Ernährung und Landwirtschaft und hat nach intensiver Beschäftigung für die zu unrecht fast vergessene Kulturpflanze Pastinake dieses anregende Kochbuch im Zusammenwirken mit dem Dottenfelderhof erstellt.

Interessante Links

- Arbeitskreis für Ernährungsforschung e.V., Bad Vilbel: www.ak-ernaehrung.de
- Demter e.V., Darmstadt: www.demeter.de
- Kultursaat e.V., Verein für Züchtungsforschung und Kulturpflanzenerhaltung auf biologisch-dynamischer Grundlage, Echzell: www.kultursaat.org
- Bingenheimer Saatgut AG, Echzell: www.bingenheimersaatgut.de

Dottenfelderhof, Bad Vilbel:

- www.dottenfelderhof.de
- Landbauschule Dottenfelderhof e.V., Fortbildungskurse für biologisch-dynamischen Landbau, Bad Vilbel: www.dottenfelderhof.de/landbauschule.html
- Veranstaltungen am Dottenfelderhof: www.dottenfelderhof.de/landbauschule/landwirtschaft/veranstaltungen.html

Literatur

- Das Kräuterbuch des Hieronymus Bock: Brigitte Hoppe, Hiersemann Verlag, 1996
- Die große GU Nährwert-Kalorien-Tabelle: Prof. Dr. I. Elmadfa et. al., Gräfe und Unzer Verlag, 2010
- Erstellung, Erweiterung und qualitative Verbesserung des Pastinakensortiments für den Ökologischen Anbau unter besonderer Berücksichtigung der entsprechenden Zuchtmethoden (2006): Dietrich Bauer et. al., Gefördert vom Bundesministerium für Ernährung, Landwirtschaft und Verbraucherschutz im Rahmen des Bundesprogramms Ökologischer Lanbau (BÖL), Kultursaat e. V., 2006
- Etwas vom Pasternak: Gartenrundbrief - Aus der biologisch-dynamischen Arbeit Nr. 139 – März/April (1982): Heinrich Thies, Seite 9
- Handbuch des gesamten Gemüsebaues: Becker-Dillinger, J. Dr. h. c., Paul Parley, 1956
- Illustrierte Flora von Mitteleuropa: Gustav Hegi, Band V Teil 2, Carl Hanser Verlag, 1975
- Nutzpflanzen in Deutschland – Von der Vorgeschichte bis heute: Udelgard Körber-Grohne, Nikol Verlag, 2001
- Pastinaken & Co. von fast vergessenen und längst bekannten Gemüsesorten: Martina Tschirner, Umschau Verlag, 2008
- Pastinaken Züchtung: Lebendige Erde Verlag – Biologisch-dynamische Landwirtschaft, Ernährung, Kultur, Heft 2/2010
- Referenzwerte für die Nährstoffzufuhr: Deutsche Gesellschaft für Ernährung (DGE), Umschau Braus GmbH, 2001

Impressum

Autorin:
Judith Schake, Bruchköbel • www.judith-schake.de
Fotografie: (soweit nicht anders angegeben)
Winfried Eberhardt, Frankfurt am Main • www.winfried-eberhardt.de
Zeichnungen:
Claudia Paulsen, Wegberg • www.cp-design.info
Gestaltung und Satz:
Nicole Jost, Bad Vilbel • www.nicole-jost.de
Lektorat:
Ellen Schneider, Köln • www.aileenmusik.de
Druck:
Druckerei Spiegler, Bad Vilbel• www.druckerei-spiegler.de

ISBN 978-3-00-033730-7

Buch-Bestelladresse:
info@dottenfelderhof.de, Tel.: 06101 – 529640
Dottenfelderhof, 61118 Bad Vilbel

Besuchen Sie uns im Internet: www.dottenfelderhof.de

Klimaneutral durch firstclimate.com

FSC
www.fsc.org
MIX
Papier aus verantwortungsvollen Quellen
FSC® C010435

Dottenfelderhof